So wird's gemacht

1 Zunächst die Vorlage auf Holz übertragen. Dazu einen Bogen Pauspapier zwischen Vorlagenbogen und Sperrholz legen. Mit einem Bleistift die Linien des Motivs nachzeichnen. Einzelteile, z. B. die Flügel des Vogels mit Meisenknödel, mit etwas Abstand zum Motiv aufzeichnen. Darauf achten, dass die Einzelteile nicht überlappen.

2 Das Motiv mit einer Laub- oder Dekupiersäge sorgfältig aussägen. Die Kanten mit Schmirgelpapier glätten.

3 Die Holzteile nach Abbildung mit Acrylfarbe bemalen und alles gut trocknen lassen. Um die Motive plastischer erscheinen zu lassen, die Kanten betonen. Dafür mit einem Borstenpinsel sehr wenig Farbe aufnehmen und auf einem Zeitungspapier den Pinsel so lange hin und her streichen bis fast keine Farbspuren mehr zu sehen sind. Erst dann über die Kanten des Motivs fahren. Erneut trocknen lassen.
Die Motive mit den jeweiligen Accessoires dekorieren.

1

2

3

Fensterbild

→ Blume mit Regenbogenkristall

MOTIVHÖHE
ca. 20 cm

MATERIAL
- Sperrholz, 1 cm stark, 23 cm x 23 cm
- Acrylfarbe in Friesenblau, Gelb und Elfenbein
- Perlonfaden, ø 0,3 mm
- Regenbogenkristall, ø 3 cm
- Holzbohrer, ø 0,5 mm

VORLAGENBOGEN 1A

1 Das Motiv aussägen, die Kanten vorsichtig abschleifen und die Löcher bohren. Die Blume wie abgebildet blau anmalen, nach dem Trocknen die Kanten mit Elfenbein betonen. Die gelbe Farbe mit Wasser verdünnen und mit einem Borstenpinsel aufspritzen. Gut trocknen lassen.

2 Den Kristall mit Perlonfaden aufhängen. Am oberen Loch ebenfalls ein Stück Perlonfaden als Aufhängung anbringen.

Willkommen

→ einladendes Türschild

MOTIVHÖHE
ca. 40 cm (ohne Aufhängung)

MATERIAL
- Sperrholz, 1 cm stark, 23 cm x 23 cm
- Acrylfarbe in Blattgrün, Friesenblau, Maisgelb, Moosgrün und Schwarz
- Draht, ø 0,35 mm und 0,65 mm
- Flachshaar in Blau
- 3 Streublumen in Gelb
- Holzbohrer, ø 0,5 mm

VORLAGENBOGEN 1A

1 Das Schild und die Kleinteile nach Vorlage aus dem Sperrholz aussägen. Die Löcher bohren und Kanten abschleifen.

2 Alles wie abgebildet bemalen, die Kanten des Schildes zusätzlich mit Blau betonen. Die gelbe Farbe mit Wasser verdünnen und mit einem Borstenpinsel auf das Schild spritzen. Dabei mit dem Zeigefinger mit einer schnellen Bewegung über den Pinsel streifen oder mit dem Pinsel über ein Sieb fahren. Evtl. zuvor auf einem Blatt Papier ausprobieren.

3 Aus dem dünnen Draht verschieden lange Stücke abschneiden. Durch die unteren drei Löcher durchfädeln, um einen Pinselstiel zur Spirale wickeln, abziehen und etwas auseinander ziehen.

4 Die Blüte, das Blatt und die Libelle wie abgebildet befestigen.

5 Die Streublumen mit dem dünnen Draht zusammenbinden, die zwei Enden nach außen biegen und locken. Aus dem dickeren Draht die Aufhängung anbringen und mit Flachshaar dekorieren.

Schöne Holzdeko

Fragen Sie sich auch manchmal, was Sie lieben Freunden schenken können oder wie Sie Ihren Wohnraum noch schöner gestalten können? In diesem Buch finden Sie mehr als eine Antwort auf diese Fragen. Holzdekorationen für drinnen und draußen, mal ganz schlicht und mal verspielter bieten für jeden Geschmack das Richtige. Und in jedem selbst gefertigten Stück steckt ein bisschen von einem selbst und der liebevollen Sorgfalt, die man darauf verwendet hat.

Ich wünsche Ihnen viel Freude beim Sägen, Bemalen und Dekorieren!

Ihre Alice Rögele

Die Motive lassen sich in folgende Schwierigkeitsgrade unterteilen:

○ ○ ○ einfach ○ ○ ○ etwas schwieriger ○ ○ ○ anspruchsvoll

GRUNDAUS-STATTUNG

Diese Werkzeuge und Materialien benötigen Sie für die meisten Dekorationen. Sie sind in den einzelnen Materiallisten nicht mehr aufgezählt.

- Laub- oder Dekupiersäge
- Metallsäge
- Bohrmaschine
- Heißklebepistole
- Spitzzange
- Hammer
- Schraubstock
- Schmirgelpapier, 120er Körnung
- breite und schmale Borstenpinsel
- Pauspapier, Transparentpapier
- matter Sprühlack in Transparent
- Bleistift
- Nägel
- Spax-Schrauben, ø 3 mm, 3,5 cm lang

Tipps & Tricks

- Pappelsperrholz ist bis zu einer Stärke von 8 mm besonders gut für Laubsägearbeiten geeignet. Bei stärkerem und härterem Holz empfiehlt sich eine Dekupiersäge, da man sonst sehr viel Kraft braucht.
- Um ein Ineinanderlaufen der Farben zu vermeiden, sollte die erste Farbe vollständig trocken sein bevor die nächste aufgetragen wird.
- Einen gleichmäßigen Farbauftrag erzielt man, indem man nur wenig Farbe auf das Motiv überträgt und es in allen Richtungen gut verstreicht. So werden dicke Pinselspuren vermieden.
- Die hier verwendeten Acrylfarben auf Wasserbasis gibt es im Baumarkt in geringer Farbauswahl. Sie können die Farben problemlos mischen oder auf die größere Farbpalette im Bastelfachhandel zurückgreifen.
- Da die Bezeichnungen der Farben verschiedener Hersteller sehr unterschiedlich sind, sollten Sie sich an den Abbildungen orientieren.
- Motive für draußen sollten zum Schutz vor Witterung mit einem matten transparenten Sprühlack versehen werden.
- Reisig erhalten Sie im Versandhandel sowie beim Floristen und Gärtner.
- Für Drahtlocken den Draht um einen Pinselstiel wickeln und vorsichtig abziehen.

Willkommen

Gartenstecker

→ Akzente setzen

MOTIVHÖHE (OHNE STAB)
11 cm bis 20 cm

MATERIAL
HERZ
- Sperrholz, 1 cm stark, 11 cm x 13 cm
- Acrylfarbe in Rot und Schwarz
- Aludraht, ø 2,5 mm, 70 cm lang
- 3 Rohholzkugeln, ø 2,5 cm, Bohrung 6 mm
- Gewindestange, ø 5 mm, 1 m lang
- Holzbohrer, ø 5 mm

TULPE
- Sperrholz, 1 cm stark, 20 cm x 30 cm
- Acrylfarbe in Rubinrot und Lachs
- Aludraht, ø 2,5 mm, 2 x 30 cm, 2 x 15 cm lang
- 7 Rohholzkugeln, ø 2,5 cm, Bohrung 6 mm
- Gewindestange, ø 6 mm, 1 m lang
- Holzbohrer, ø 6 mm

MOND
- Sperrholz, 1 cm stark, 37 cm x 28 cm
- Acrylfarbe in Rubinrot, Weiß und Gelb
- Aludraht, ø 2,5 mm, 2 x 12 cm, 1 x 45 cm, 1 x 23 cm lang
- 4 Rohholzkugeln, ø 2,5 cm, Bohrung 6 mm
- Gewindestange, ø 6 mm, 1 m lang
- Holzbohrer, ø 6 mm

VORLAGENBOGEN 1A

1 Die Motive aussägen, durchbohren und die Kanten abschleifen. Die Holzteile und Holzkugeln wie abgebildet anmalen. Beim Mond die rote Farbe mit sehr wenig Wasser verdünnen und mit einem Borstenpinsel auf die Motive spritzen.

2 Beim Herz ein 25 cm langes Stück Aludraht um die Stange wickeln, auf einer Höhe von 22 cm beginnen. Das untere Ende zur Schnecke formen und nach innen biegen, eine Kugel auffädeln. Ein 10 cm langes Stück Draht viermal um die Stange wickeln, zwei weitere Kugeln auffädeln. Das letzte und längste Stück Draht aufwickeln, die Endstücke wie abgebildet formen. Das Herz mit Heißkleber befestigen.

3 Bei der Tulpe auf der Höhe von 50 cm die Aludrahtstücke um die Gewindestange wickeln. Die jeweils ca. 6 cm langen Endstücke zu Schnecken formen. Zwischen den Aludrahtstücken Kugeln und Blume nach Abbildung auffädeln.

4 Für den Stecker mit dem Mond und den Sternen auf der Höhe von 50 cm das 45 cm lange Stück Aludraht um die Gewindestange wickeln. Das Ende zur Schnecke formen. Den Stern auffädeln und den 23 cm langen Draht aufwickeln. Anschließend zwei Holzkugeln, einen Stern, eine Kugel und das 12 cm lange Drahtstück auffädeln. Den Mond aufstecken, das letzte Stück Draht einmal um die Stange wickeln, auch hier das Endstück zur Schnecke formen. Nun die vierte Kugel mit Heißkleber fixieren.

Tipp: Befestigen Sie den Mond und den Stern vor dem Durchbohren in einem Schraubstock.

MOTIVHÖHE
ca. 8 cm

MATERIAL PRO HUHN

- Sperrholz, 1 cm stark, 7 cm x 10 cm
- Acrylfarbe in Elfenbein, Braun und Schwarz
- Draht, ø 0,65 mm und 0,35 mm
- 2 Nägel, je 3 cm lang
- Baumscheibe, ø ca. 6 cm
- etwas Reisig
- Eierschalen
- Perlhuhnfeder

VORLAGENBOGEN 1B

Hübsche Hühner

→ Deko für Tisch und Fensterbank

1 Die Hühner aussägen, die Kanten abschleifen und die Löcher bohren. Das eine Huhn in Braun, das andere in Elfenbein anmalen. Nach dem Trocknen die Kanten des braunen Huhns leicht anschleifen. Die Augen und die Punkte malen.

2 Aus dem dickeren Draht zwei Stücke abschneiden, die eine Seite nach innen biegen und mit Heißkleber in dem vorgesehenen Loch fixieren.

3 Motive auf die Baumscheiben kleben und mit je einem Nagel von unten zusätzlich befestigen. Mit einem Reisigkränzchen, Federn und Eierschalen dekorieren.

Tipp: Die Baumscheiben gibt es im Sägewerk. Sie können auch aus dem Sperrholz zwei Kreise mit einem Durchmesser von 8 cm aussägen und die Hühner darauf befestigen.

Großes Huhn

→ Gartenstecker

1 Aus dem Sperrholz das Huhn und die Füße aussägen. Die Kanten abschleifen und die benötigten Bohrungen ausführen. Die Gewindestange mit einer Metallsäge halbieren. Alles wie abgebildet anmalen, die Kanten mit Terrakotta betonen.

2 Aus dem Maschendraht nach Vorlage einen Halbkreis ausschneiden. Durch die zwei Bohrlöcher die Endstücke des Drahts stecken und mit sehr wenig Heißkleber befestigen. Die Außenkante des Drahts nach innen biegen, sodass eine Tasche entsteht. Diese mit Dschungelmoos füllen.

3 Aus dem Bast ein paar kurze Stücke schneiden und mit dünnem Draht zur Schleife binden. Zusammen mit den Streublüten an der Tasche anbringen. Die Gewindestange mit Heißkleber fixieren. Zuletzt die Füße mit dem dünnen Draht am Körper befestigen.

MOTIVHÖHE
ca. 22 cm

MATERIAL
- Sperrholz, 1 cm stark, 23 cm x 23 cm
- Acrylfarbe in Elfenbein, Terrakotta, Weiß und Schwarz
- Draht, ø 0,65 mm und 0,3 mm
- Gewindestange, ø 5 mm, 1 m lang
- Maschendraht, 12 cm x 8 cm
- Dschungelmoos in Grün
- Bast in Natur
- 2 Streublumen, ø 2 cm
- Holzbohrer, ø 1 mm und 5 mm

VORLAGENBOGEN 1B

Home sweet home

→ herziges Vogelhäuschen

MOTIVHÖHE
30 cm

MATERIAL
- Sperrholz, 1 cm stark, 32 cm x 16 cm
- Sperrholz, 6 mm stark, 6 cm x 22 cm
- je 1 Vierkantstab, 1,4 cm, x 1,4 cm, 11 cm und 12 cm lang
- Acrylfarbe in Hellgrün, Rubinrot und Schwarz
- Draht, ø 0,65 mm und 0,35 mm
- 4 Nägel, 2 cm lang
- Reisig
- Holzbohrer, ø 1,5 mm

VORLAGENBOGEN 1B

1 Das Häuschen aus dem dicken, die Herzen und das Schild aus dem dünnen Sperrholz aussägen. Die Bohrungen ausführen.

2 Alles wie abgebildet anmalen, die Kanten mit schwarzer Farbe betonen. Die zwei Vierkantstäbe als Dach anbringen, diese zuerst mit Heißkleber fixieren, dann von hinten mit Nägeln befestigen.

3 Den Reisig zum Kranz binden, den Draht durch das Loch in der Mitte des Häuschens stecken und mit Heißkleber befestigen. Die Herzen mit je einem Stück Draht am Kranz befestigen, die Enden zu Locken drehen.

4 Das Schild mit leicht verdünnter Farbe beschriften, auch hier die Kanten mit schwarzer Farbe betonen. Mit Heißkleber ans Vogelhäuschen anbringen.

5 Für die Aufhängung ein Stück Draht durch das obere Loch durchführen, die Enden verdrahten.

Tipp: Besprühen Sie das Vogelhäuschen zum Schutz vor Witterung mit mattem Klarlack.

home
sweet
home

Gartenwächter

→ wachsamer Vogel

1 Den Vogel aus dem dickeren, die Flügel aus dem dünneren Sperrholz aussägen, das Loch für die Aufhängung bohren.

2 Alles wie abgebildet bemalen, die Kanten zusätzlich schwarz betonen.

3 Nach dem Trocknen die Flügel mit Heißkleber fixieren. Den Knopf mit dünnem Draht verzieren, ebenfalls ankleben.

4 Die Ringschraube unten ins Holz hineindrehen, das bemalte Vogelhäuschen daran mit Draht befestigen. Aus dem stärkeren Draht die Aufhängung formen und anbringen.

Tipp: Den Vogel können Sie auch als Futterplatz gestalten und einen Meisenknödel an die Ringschraube binden.

MOTIVHÖHE
18 cm (ohne Stab)

MATERIAL
- Sperrholz, 1 cm stark, 20 cm x 12 cm
- Sperrholz, 6 mm stark, 13 cm x 7 cm
- Acrylfarbe in Gelb, Friesenblau, Orange und Schwarz
- Draht, ø 0,65 mm und 0,35 mm
- Ringschraube, ø 2,8 mm, 1,6 cm x 6 mm
- Vogelhäuschen aus Pappmaché, ca. 8 cm hoch
- Knopf, ø ca. 1,5 cm
- Laternenstab, ca. 1 m lang
- Holzbohrer, ø 1 mm

VORLAGENBOGEN 1B

Menü
mit Knoblauchcreme
Petersilienkartoffel
Grüner Salat
Mousse au Chocolat
Julia

Frische Fische

→ Tischdeko mit Fischernetz

MOTIVHÖHE
Kartenhalter ca. 11 cm lang

MATERIAL PRO FISCH
- Sperrholz, 1 cm stark, 38 cm x 26 cm
- Acrylfarbe in Friesenblau, Elfenbein und Schwarz
- 2 Ringschrauben, ø 2,8 mm, 1,6 cm x 6 mm
- Paketschnur, 50 cm lang
- Fischernetz, 50 cm x 1 m

KARTENHALTER
- Sperrholz, 1 cm stark, 13 cm x 8 cm
- Acrylfarbe in Friesenblau und Elfenbein
- Memohalter mit Krokodilklammer
- Muscheln oder Seesterne
- Holzbohrer, ø 2 mm

VORLAGEN-BOGEN 2A

Fische

1 Die Fische aussägen und die Kanten mit Schmirgelpapier glätten.

2 Die Fische blau anmalen. Um den Fischen einen verwitterten Charakter zu verleihen, die Kanten nach dem Trocknen anschleifen. Die Augen sowie die Streifen malen.

3 Die Ringschrauben vorne ins Holz hineindrehen und die Fische mit der Paketschnur aneinander binden.

4 Die Fische mit dem Fischernetz dekorieren.

Kartenhalter

1 Das Motiv aussägen, die Kanten abschleifen und das Loch bohren. Den Fisch blau anmalen.

2 Die Krokodilklammer und die Muscheln oder einen Seestern mit Heißkleber befestigen.

Elegante Vase

→ mit Perlen

MOTIVHÖHE
10 cm

MATERIAL
- Leimholzrest, 1,8 mm stark, 11 cm x 11 cm
- Aludraht, ø 2,5 mm, 47 cm lang
- Acrylfarbe in Elfenbein und Purpurrot
- Nylonfaden, ø 0,3 mm
- Perlen in Pink und Orange irisierend, ø 4 mm
- tropfenförmige Perle in Pink, 3 cm lang
- Reagenzglas, 16 cm lang
- Holzbohrer, ø 2,5 mm

VORLAGENBOGEN 1B

1 Aus dem Leimholz die Blüte aussägen und das Loch bohren.

2 Die rote Farbe mit Wasser verdünnen und das Motiv zügig anmalen. Nach dem Trocknen die Kanten mit Elfenbein betonen.

3 Den Aludraht ins Bohrloch stecken und um das Reagenzglas wickeln.

4 Die Perlen auf den Nylonfaden fädeln, die Kette sowie die Perle in Tropfenform anbringen.

Frische Fische

→ Tischdeko mit Fischernetz

MOTIVHÖHE
Kartenhalter ca. 11 cm lang

MATERIAL PRO FISCH
- Sperrholz, 1 cm stark, 38 cm x 26 cm
- Acrylfarbe in Friesenblau, Elfenbein und Schwarz
- 2 Ringschrauben, ø 2,8 mm, 1,6 cm x 6 mm
- Paketschnur, 50 cm lang
- Fischernetz, 50 cm x 1 m

KARTENHALTER
- Sperrholz, 1 cm stark, 13 cm x 8 cm
- Acrylfarbe in Friesenblau und Elfenbein
- Memohalter mit Krokodilklammer
- Muscheln oder Seesterne
- Holzbohrer, ø 2 mm

VORLAGENBOGEN 2A

Fische

1 Die Fische aussägen und die Kanten mit Schmirgelpapier glätten.

2 Die Fische blau anmalen. Um den Fischen einen verwitterten Charakter zu verleihen, die Kanten nach dem Trocknen anschleifen. Die Augen sowie die Streifen malen.

3 Die Ringschrauben vorne ins Holz hineindrehen und die Fische mit der Paketschnur aneinander binden.

4 Die Fische mit dem Fischernetz dekorieren.

Kartenhalter

1 Das Motiv aussägen, die Kanten abschleifen und das Loch bohren. Den Fisch blau anmalen.

2 Die Krokodilklammer und die Muscheln oder einen Seestern mit Heißkleber befestigen.

Elegante Vase

→ mit Perlen

MOTIVHÖHE
10 cm

MATERIAL
- Leimholzrest, 1,8 mm stark, 11 cm x 11 cm
- Aludraht, ø 2,5 mm, 47 cm lang
- Acrylfarbe in Elfenbein und Purpurrot
- Nylonfaden, ø 0,3 mm
- Perlen in Pink und Orange irisierend, ø 4 mm
- tropfenförmige Perle in Pink, 3 cm lang
- Reagenzglas, 16 cm lang
- Holzbohrer, ø 2,5 mm

VORLAGEN-BOGEN 1B

1 Aus dem Leimholz die Blüte aussägen und das Loch bohren.

2 Die rote Farbe mit Wasser verdünnen und das Motiv zügig anmalen. Nach dem Trocknen die Kanten mit Elfenbein betonen.

3 Den Aludraht ins Bohrloch stecken und um das Reagenzglas wickeln.

4 Die Perlen auf den Nylonfaden fädeln, die Kette sowie die Perle in Tropfenform anbringen.

Zierstäbe

→ mit Tulpe und Herz

MOTIVHÖHE
14,5 cm (Tulpe) bzw. 11,5 cm (Herz)

MATERIAL PRO STAB
- Sperrholz, 1 cm stark, 19 cm x 17 cm
- Acrylfarbe in Purpurrot, Feuerrot und Elfenbein
- Metallplatte, 5 mm stark, 12 cm x 12 cm
- Gewindestange, ø 5 mm, 43 cm lang
- Mutter, ø 5 mm
- 2 Rohholzkugeln, ø 2,5 cm (Tulpe)
- Holzperle in Rot, ø 1,5 cm (Herz)
- Draht, ø 0,65 mm, 40 cm lang (Herz)
- Sprühlack in Schwarz
- Sekundenkleber
- Holzbohrer, ø 5 mm und 1 cm (Herz)

VORLAGENBOGEN 2A

1 Die Gewindestange in die Platte stecken und mit Sekundenkleber fixieren. Die Mutter bis zu einer Länge von 9 cm aufschrauben. Mit dem schwarzen Lack besprühen und gut trocknen lassen.

2 Die Motive aussägen und die Kanten abschleifen. Die Holzteile und Holzkugeln wie abgebildet anmalen, zum Schluss alles auf den Metallständer auffädeln.

3 Das Herz bekommt zusätzlich eine Verzierung aus Draht und einer Holzperle.

Tipp: Die Metallplatte können Sie im Baumarkt zuschneiden und durchbohren lassen.

Herbstlicher Schmuck

→ Türsteher und Girlande

MOTIVHÖHE
Türsteher
ca. 90 cm
Kürbisgirlande
ca. 12 cm (ohne Aufhängung)

MATERIAL TÜRSTEHER
- 2 Zaunlatten, 8,5 cm breit, 90 cm hoch
- Acrylfarbe in Blattgrün, Gelb und Terrakotta
- Draht, ø 0,35 mm und 0,65 mm
- Perl-Blattkordel in Grün-Braun, 75 cm lang
- Sisalblatt
- Vogelhäuschen aus Pappmache
- 2 Maiskolben
- Zinkeimer, ø 6 cm, 6 cm hoch
- Keramik-Zierkürbis, ø 4,5 cm
- Reisig
- Zweige
- 5 Schraubhaken
- 2 Spax-Schrauben, ø 3 mm, 3,5 cm lang
- Holzbohrer, ø 3 mm

KÜRBISGIRLANDE
- Sperrholz, 1 cm stark, 21 cm x 28 cm
- Acrylfarbe in Blattgrün, Gelb und Terrakotta
- Holzkugel, ø 1,5 cm
- 2 Holzkugeln, ø 1 cm
- Bast
- Draht, ø 0,35 mm
- Holzbohrer, ø 2 mm

VORLAGENBOGEN 2A

Türsteher

1 Für die Standfläche aus einer Latte ein 22 cm langes Stück absägen. Löcher bohren, die Schrauben von unten durchstecken und die Latte an die Bodenplatte schrauben.

2 Alles grün anmalen, die Kanten mit gelber Farbe betonen.

3 Von vorne im Abstand von 10 cm fünf Löcher bohren und die Haken einschrauben. Die Zweige bündeln, mit Draht an einen Haken hängen. Reisig zum Kranz binden, die Zaunlatte wie abgebildet mit den Accessoires dekorieren.

Kürbisgirlande

1 Die Kürbisse und die Blätter aussägen, die Bohrungen ausführen. Alles wie abgebildet anmalen. Die Kürbisse mit grüner, die Blätter mit gelber Farbe bespritzen.

2 Das kleine Blatt über das große kleben, Kürbisse und Blätter mit Bast miteinander verbinden. Dabei immer auch eine Holzkugel dazwischen fädeln und festknoten. Die Einzelteile je mit einem Stück verzwirbeltem Draht verzieren.

Vogelhäuschen

→ vor der Tür

MOTIVHÖHE
ca. 30 cm

MATERIAL
- Sperrholz, 1 cm stark, 17 cm x 32 cm
- Sperrholz, 6 mm stark, 5,5 cm x 9 cm
- Acrylfarbe in Blattgrün, Gelb und Braun
- Minitontopf, ø 2 cm
- je 1 Vierkantstab, 1,4 cm x 1,4 cm, 11,5 cm und 12,5 cm lang
- Reisig
- Perl-Blattkordel in Grün-Braun, 32 cm lang
- Holzstab, ø 6 mm, 1 m lang
- Draht, ø 0,65 mm
- Nägel, 2 cm lang
- Holzbohrer, ø 6 mm und 1,5 mm

VORLAGENBOGEN 1B

1 Das Häuschen aus dem dickeren, das Schild aus dem dünneren Sperrholz aussägen. Die Löcher bohren und die Kanten abschleifen.

2 Das Häuschen grün grundieren und in der nassen Farbe die Kanten mit Gelb betonen. Die Farben ineinander verstreichen, um weiche Übergänge zu bekommen. Die Vierkantstäbe braun anmalen. Nach dem Trocknen die Kanten gelb betonen und das Schild mit Braun überwischen. Das Schild gelb anmalen und „Willkommen" darauf schreiben.

3 Das Dach mit Heißkleber fixieren, zusätzlich mit Nägeln von hinten befestigen. Das Reisig zum Kranz binden und diesen ans Häuschen anbringen. Dafür Draht durch die Bohrung fädeln und hinten ankleben.

4 Das Motiv mit der Perl-Blattkordel, dem Minitontopf und dem Schild dekorieren. Für den Stecker von dem Holzstab 38 cm absägen und mit Heißkleber von unten am Häuschen befestigen.

Herbstlicher Stecker

→ in Naturtönen

MOTIVHÖHE
ca. 1 m

MATERIAL
- Sperrholz, 1 cm stark, 13 cm x 20 cm
- Acrylfarbe in Grün, Gelb und Terrakotta
- Aludraht, ø 2,5 mm, 2 x 15 cm
- 4 Rohholzkugeln, ø 2,5 cm, Bohrung 6 mm
- Gewindestange, ø 5 mm, 1 m lang
- Minitontopf, ø 3,5 cm
- Holzbohrer, ø 5 mm

VORLAGENBOGEN 2A

1 Die Gewindestange mit einer Metallsäge halbieren.

2 Aus Sperrholz zwei Blätter aussägen, die Kanten abschleifen. Das große Motiv ein Stück, das kleine ganz durchbohren. Alles wie abgebildet anmalen.

3 Den Minitontopf auf die Gewindestange stecken und mit etwas Heißkleber fixieren.

4 Eine Kugel auffädeln, ein Stück Aludraht zweimal um die Stange wickeln. Das Ende mit einer Zange zur Schnecke formen. Das kleine Blatt, Kugeln und Aludraht anbringen. Das große Blatt mit ein wenig Heißkleber fixieren.

Tipp: Befestigen Sie das kleine Blatt vor dem Durchbohren in einem Schraubstock!

Herbstmobile

→ filigran-verspielt

MOTIVHÖHE
ca. 4,5 cm (Einzelmotive)

MATERIAL

- Sperrholz, 6 mm stark, 35 cm x 30 cm
- Acrylfarbe in Moosgrün, Gelb, Terrakotta, Elfenbein, Braun und Rot
- Vierkantstab, 1,5 cm x 2 cm, 40 cm lang
- Draht, ø 0,35 mm und 0,65 mm
- Holzbohrer, ø 0,5 mm und 1 mm

VORLAGENBOGEN 1B

1 Die Motive aus dem Sperrholz aussägen und die benötigten Löcher bohren. Dabei jedes Motiv zweimal und je ein Blatt, Blüte, Vogel und eine Apfelscheibe einmal durchbohren.

2 Alles wie abgebildet anmalen.

3 Die Einzelteile mit jeweils einem 13 cm langen, dünnen Draht verbinden, die Enden verzwirbeln und locken.

4 Aus dem stärkeren Draht die Aufhängung am Vierkantstab anbringen.

Blätterzauber

→ Vase und Windlicht

MOTIVHÖHE
Blätter-Vase ca. 17 cm
Blatt-Windlicht ca. 13 cm

MATERIAL BLÄTTER-VASE
- Leimholz, 1,8 cm stark, 19 cm x 20 cm
- Acrylfarbe in Terrakotta
- Aludraht, ø 2,5 mm, 40 cm lang
- Draht, ø 0,35 mm
- Minitontopf, ø 2 cm
- Maiskörner
- Reisig
- Perl-Blattkordel, 45 cm lang
- Reagenzglas, ø 2,5 cm, 15 cm lang
- Holzbohrer, ø 3 mm

BLATT-WINDLICHT
- Leimholz, 1,8 cm stark, 14 cm x 12 cm
- Acrylfarbe in Blattgrün und Gelb
- Windlichtglas, ø 4,4 cm, 9 cm hoch
- Minikürbis, ø ca. 2 cm
- Reisig
- Draht, ø 0,35 mm

VORLAGENBOGEN 2B

Blätter-Vase

1 Das Blatt aussägen, abschleifen und das Loch bohren.

2 Mit verdünnter Farbe zügig anmalen. Wenn das Motiv vollständig trocken ist, die Kanten mit Schmirgelpapier anschleifen.

3 Den Aludraht in das Bohrloch stecken und mit Heißkleber fixieren. Das Reagenzglas auf das Blatt halten, mit Draht gleichmäßig umwickeln, das freie Ende zur Schnecke formen.

4 Das Reisig zum Kränzchen binden, zusammen mit dem Tontöpfchen auf das Motiv kleben. Von der Kordel ein Blatt ablösen und auf das Tontöpfchen kleben. Die restliche Kordel um den Aludraht wickeln.

5 Das Reagenzglas zu einem Drittel mit Maiskörnern füllen und nach Belieben dekorieren.

Blatt-Windlicht

1 Das Blatt aussägen, grün anmalen und Kanten gelb betonen.

2 Etwas Reisig mit Bindedraht umwickeln, mit Heißkleber auf das Blatt kleben. Den Minikürbis ebenfalls festkleben.

3 Das Teelicht in die Mitte des Blattes stellen, den Glasaufsatz darüber stülpen.

Tipp: Lassen Sie das Windlicht nie unbeaufsichtigt brennen!

Weihnachtlicher Türsteher

→ mit Liebe dekoriert

MOTIVHÖHE
ca. 90 cm

MATERIAL
- 2 Zaunlatten, 8,5 cm breit, 95 cm lang
- Acrylfarbe in Scharlachrot und Gelb
- Draht, ø 0,35 mm und 0,65 mm
- Holzbohrer, ø 0,5 mm und 1 mm
- Laterne, 7 cm hoch
- 2 Acrylsterne, ø 6 cm
- Tannen-, Thuja- und Buchszweige
- gefrostete Beeren
- Nüsse, Zimtstangen, getrocknete Apfelscheibe
- Perl-Sternkordeln, 45 cm und 35 cm lang
- Papiertüte, 7,5 cm x 7,5 cm
- Rebstern in Gold, ø 13 cm
- 5 Schraubhaken
- 2 Spax-Schrauben, ø 3 mm, 3,5 cm lang
- Holzbohrer, ø 3 mm

1 Für die Standfläche aus einer Latte ein 25 cm langes Stück absägen. Löcher bohren, die Schrauben von unten durchstecken und die Latte an die Bodenplatte schrauben. Alles rot anmalen, die Kanten mit gelber Farbe betonen.

2 Von vorne im Abstand von 10 cm fünf Löcher bohren und die Haken einschrauben.

3 Thuja- und Buchszweige zu einem kleinen Kranz binden und mit Bindedraht an einen Haken hängen. Die Zaunlatte wie abgebildet mit den Accessoires dekorieren.

Tipp: Sie können die Zaunlatte auch mit anderen weihnachtlichen Accessoires schmücken. Außerdem können Sie zu jeder Jahreszeit umdekorieren.

Sternenglanz

→ Windlicht und Kartenhalter

MOTIVHÖHE
Sternen-Windlicht ca. 12,5 cm
Kartenhalter Stern ca. 17 cm

MATERIAL STERNEN-WINDLICHT
- Leimholz, 1,8 cm stark, 15 cm x 15 cm
- Acrylfarbe in Gelb, Grün und Rot
- Aludraht, ø 2,5 mm, 45 cm lang
- 2 Rohholzkugeln, ø 1,5 cm
- Holzbohrer, ø 3 mm

KARTEN-HALTER STERN
- Leimholz, 1,8 cm stark, 18 cm x 18 cm
- Acrylfarbe in Gelb und Rot
- Memohalter Spirale
- Acryl-Sternstreuteile
- Draht, ø 0,35 mm
- Reisig
- Holzbohrer, ø 1,5 mm

VORLAGEN-BOGEN 2B

Sternen-Windlicht

1 Den Stern aussägen, die Kanten abschleifen und das Loch bohren. Das Motiv gelb anmalen, mit roten Farbspritzern verzieren. Die Holzkugeln anmalen. Die Kanten mit roter Farbe betonen.

2 Den Aludraht in das Bohrloch stecken, ein Teelicht auf den Stern stellen und mit Draht umwickeln. Damit die Holzkugeln nicht zu nah an die Flamme kommen, Wellen in den Draht biegen.

3 Die Holzkugeln auffädeln. Das Endstück zur Schnecke formen.

Tipp: Wenn Sie sich das Bemalen der Kugeln sparen möchten, können Sie auch bunte Holzperlen verwenden.

Kartenhalter Stern

1 Den Stern aussägen, die Kanten abschleifen und das Loch bohren. Alles wie abgebildet bemalen, die Kanten zusätzlich rot betonen.

2 Den Memohalter mit Heißkleber fixieren.

3 Reisig bündeln, Sterne auf ein Stück Draht auffädeln, alles mit Heißkleber auf dem Stern befestigen.

4 Das Endstück des Drahtes verzwirbeln.

Lebkuchenzeit

→ weihnachtlich-lecker

Lebkuchenhaus

1 Das Leimholz als Bodenplatte verwenden.

2 Aus dem Sperrholz das Häuschen aussägen, für die Fenster ein Loch mit einem Durchmesser von 6 mm jeweils in einer Ecke bohren. Das Sägeblatt durchführen und ab hier rundum sägen. Die Bodenplatte und das Haus mit verdünnter brauner Farbe anmalen.

3 Nach dem Trocknen den Boden zweimal durchbohren, das Motiv von unten mit den Spax-Schrauben befestigen.

4 Die Gebäckstreuteile mit Heißkleber befestigen, alles mit Strukturschnee dekorieren.

Verlockende Girlande

1 Die Motive aussägen, die Löcher bohren und mit verdünnter Farbe anmalen.

2 Nach dem Trocknen die Plätzchen mit dem Plusterstift verzieren. Die Farbe nicht föhnen, sondern nur trocknen lassen.

3 Mandeln zuerst mit dem dünneren dann mit dem dickeren Bohrer durchbohren. Plätzchen, Ausstechformen, Gewürze und Keramik-Backformen mit der Kordel an der Girlande befestigen.

Tipp: Die Filzsterne können Sie auch selbst aus dickem Filz ausschneiden.

MOTIVHÖHE
Lebkuchenhaus
ca. 28 cm
Girlandenmotive
je ca. 8 cm

MATERIAL LEBKUCHENHAUS

- Leimholz, 1,8 cm stark, 10 cm x 25 cm
- Sperrholz, 1 cm stark, 27 cm x 18 cm
- Acrylfarbe in Braun
- Strukturschnee
- 6 Gebäckstreuteile aus Holz
- Spax-Schrauben, ø 3 mm, 3,5 cm lang
- Holzbohrer, ø 3 mm

VERLOCKENDE GIRLANDE

- Sperrholz, 1 cm stark, 25 cm x 18 cm
- Acrylfarbe in Braun
- Plusterstift in Weiß
- Girlande mit Filzsternen, 1,40 m lang
- Ausstechformen für Plätzchen
- 2 Keramik-Backformen
- 3 Zimtstangen
- 3 Mandeln
- Kordel in Orange, 2 m lang
- Miniwäscheklammern, 3 cm lang
- Holzbohrer, ø 2 mm und 1 mm

VORLAGENBOGEN 2B

Tannenbäume

→ natürlich-fruchtig

MOTIVHÖHE
31 cm bzw. 35,5 cm

MATERIAL PRO TANNENBAUM

- Sperrholz, 1 cm stark, 30 cm x 42 cm
- Acrylfarbe in Moosgrün
- Bast in Natur
- 9 getrocknete Orangenscheiben
- 4 Zimtstangen
- 5 Anissterne
- 14 Astscheibchen
- Zinkvase, 20 cm bzw. 26 cm hoch
- Moosmanschette Stern, ø 15 cm bzw. 25 cm
- Dschungelmoos in Grün
- Steckmasse
- Aststück
- je 2 Nägel, 2,5 cm und 3,5 cm lang
- Draht, ø 0,35 mm

VORLAGENBOGEN 1B

1 Die Tanne aussägen und grün anmalen. Nach dem Trocknen die Kanten leicht anschleifen.

2 Das Aststück von hinten mit Nägeln befestigen. Die Vase mit Steckmasse füllen, die Moosmanschette und den Baum hineinstecken, offene Stellen mit Dschungelmoos füllen.

3 Die Tanne sowie den Moosstern mit Orangenscheiben, Bastschleifen, Astscheiben und Gewürzen dekorieren.

Tipp: Statt Ästen können Sie für die Tannenstämme auch runde Holzstangen mit einem Durchmesser von 2 cm verwenden. Diese auf die gewünschte Länge zusägen und eventuell braun anmalen. Wenn die Tannen im Freien stehen sollen, mit wetterfestem Klarlack besprühen.

Sternentasche

→ aus Sisal

MOTIVHÖHE
ca. 8,5 cm (je Stern)

MATERIAL
- Sperrholz, 1 cm stark, 20 cm x 10 cm
- Acrylfarbe in Elfenbein und Dunkelrot
- Sisaltasche in Natur, 12 cm x 8 cm
- Flachshaar in Natur
- 2 Zimtstangen
- Keramik-Gebäcktanne
- 3 Zweige mit gefrosteten Beeren in Rot
- 2 Schaschlikstäbe
- Knopf, ø 1,5 cm
- Draht, ø 0,35 mm
- Steckmasse
- Holzbohrer, ø 2 mm

VORLAGENBOGEN 2A

1 Die zwei Sterne aussägen, anbohren und rot anmalen. Nach dem Trocknen einen Stern mit Mustern bemalen, den anderen mit einem Knopf wie abgebildet verzieren.

2 Die Schaschlikstäbe in den Bohrungen befestigen.

3 Die Steckmasse als Füllung in die Tasche geben, mit dem Flachshaar bedecken und die Sterne hineinstecken. Das Gesteck mit den Beeren, Zimtstangen und der Keramik-Tanne dekorieren.

DIESES BUCH ENTHÄLT 2 VORLAGENBOGEN

IMPRESSUM

FOTOS: frechverlag GmbH, 70499 Stuttgart; Fotostudio Ullrich & Co., Renningen
DRUCK: frechdruck GmbH, 70499 Stuttgart

Auflage: 5. 4. 3. 2. 1.
Jahr: 2009 2008 2007 2006 2005 [Letzte Zahlen maßgebend]

ISBN 3-7724-3392-8
Best.-Nr. 3392